けんそんのしおり

教皇レオ13世　著
デランジェラ　訳

ドン・ボスコ社

Original title: La Pratica dell'umiltà
by Leo XIII (Gioacchino Pecci), 1842

本作品では「らい病」など今日では不適切な表現が含まれていますが、世間から誤解され差別を受けた人びとがいた歴史的事実を伝えるため、あえて本作品が発表された当時の表現を掲載しています。

序にかえて

ラコルデール神父はこう言っている、

「この世におけるもっとも喜ばしいことは、われわれを愛してくれる人、またわれわれが愛している人以外のどんな人からも忘れさられることである。なぜなら、それ以外の人びとは、われわれに喜びではなくわずらいばかりをかけるからである。この世において自分のつとめを果たし、浅かろうと深かろうと、ともかくも自分に任せられた畦《あぜ》を掘りあげてから姿を消すのは、最大の幸福であろう」と。

悩む心のうちに、せつに平安を求めている友よ、聖体の前にひざまずき、必ず聞きいれられるとの希望をもって、次にしるす祈りを唱《とな》えなさい。

心の柔和、けんそんなイエス、私の祈りを聞きいれられよ。
尊ばれようとの望みより、イエス、私を救われよ。
愛されようとの望みより、イエス、私を救われよ。
もてはやされようとの望みより、イエス、私を救われよ。
敬われようとの望みより、イエス、私を救われよ。
賞賛されようとの望みより、イエス、私を救われよ。
選出されようとの望みより、イエス、私を救われよ。
相談をもちかけられるようとの望みより、イエス、私を救われよ。

ていねいに扱われようとの望みより、イエス、私を救われよ。
辱《はずかし》められるおそれより、イエス、私を救われよ。
軽んじられるおそれより、イエス、私を救われよ。
拒絶されるおそれより、イエス、私を救われよ。
讒言《ざんげん》されるおそれより、イエス、私を救われよ。
置き忘れられるおそれより、イエス、私を救われよ。
嘲《あざけ》りを受けるおそれより、イエス、私を救われよ。
罵《ののし》りを受けるおそれより、イエス、私を救われよ。
疑いを受けるおそれより、イエス、私を救われよ。
自分よりもほかの人が愛されることを喜ぶよう、
　イエス、私を助けられよ。

自分よりもほかの人が尊重されるのを喜ぶよう、
　イエス、私を助けられよ。
自分よりもほかの人が喜び迎えられるのを好むよう、
　イエス、私を助けられよ。
自分は退けられ、ほかの人は用いられるのを喜ぶよう、
　イエス、私を助けられよ。
自分は見捨てられ、ほかの人は賞賛されるのを喜ぶよう、
　イエス、私を助けられよ。
すべてにおいてほかの人が先に選び出されるのを喜ぶよう、
　イエス、私を助けられよ。
自分の徳がすすめば、ほかの人はそれ以上完徳《かんとく》にすすむことを喜ぶよう、

イエス、私を助けられよ。

現世で傲慢《ごうまん》だったものは来世で神の憐《あわ》れみを受けえない、神の憐れみを受けて天国に入れるのは、この世でけんそんであった人びとだけである。これは、だれも否むことのできない事実である。神は自らおごるものを退け、自ら高ぶるものを抑えられ、神の憐れみを受けたいと思うものは、自分を卑《いや》しくし、幼子のようにへりくだらねばならない、そうしなければ神に愛されず、来世のしあわせを受けることもできない。神は、けんそんな者にしかみ恵みをくださず、けんそんなものだけを罪から救われる、などと聖書に書かれてある。

そう思えば、キリスト信者でありながら、どうして自らおごり、自ら何者であるかとうぬぼれることができようか？　しかも、けんそんへの努力は、いくらつとめても、もうこれで十分だということはない。うぬぼれを捨ててへりくだるようにつとめるのは、人としてまことによい願いであるから、それを達成するために努力することも、当然せねばならないことである。といって、自分の力ばかりを頼りにしてはならない。神のみ恵みと憐れみとがなければ、その努力は実を結ばないであろう。

ここにおいてキリスト信者は、まず神のみ恵みを乞《こ》い願わなければならない。キリスト信者は、洗礼のときに、キリストの教えとその義務とを守ると約束するのであるから、キリストの模範にならって自分の行いを正す義務がある。

神は、天国にいたる道を教えるために、ご自分を模範としてお立てになったのである。また、欠点をなおすことを教えるために、おん自ら辱めを受け、嘲られ、へりくだられたのである。

けんそんこそは、現世では聖人としての、来世では天国の幸福を受けることの、動かしがたい証拠であることを忘れてはならない。神の弟子であるあなたたちにして、この尊いけんそんの宝を得ようと望むならば、私がこれから説くことばをよく守り、よく実行してもらいたいのである。

けんそんのしおり

1

いったい自分に、人よりすぐれたところがあるか、うぬぼれてよいところがあるかどうかを、良心に照らして反省してみよ。あなたがもっているものは、罪、偽り、不幸ばかりであって、ひとつとしてよいものはないではないか？　よしあなたが善良な愛らしい性質をもっているにせよ、それはあなたの生命のもとである神から受けたものであって、あなた自身が本来もっていたものではない、だから、そのために尊敬や好感をもたれたとしても、それはすべて神に帰すべきものであって、あなた自身のものでないのである。

2

自分で反省してみて、じつに自分は本来無なのだと悟り、自分の心にある高慢をいとってそれを退けるようにつとめなければならない。

あなたのもっている長所は、自分の力で得たものではなくて、造り主のみ恵みによって与えられたものである。したがって、そのために人の尊敬を得ようと考えるのは、まことにばかげた、滑稽《こっけい》なことである。聖パウロのことばに、「あなたのもっているものでもらわなかったものがあるか？もしもらったのなら、なぜもらわなかったもののように誇るのか？」（一コリント4・7）というのがある。

あなたがたがおごり高ぶるとしたら、それにはどんな根拠があるのだろうか。

3

あなたは、元来弱いもの、愚《おろ》かなもの、欲望に溺《おぼ》れたもの、神を軽んじるもの、財宝を重んじるものである。これらの悪が、絶えずあなたにつきまとっているのである。あなたは自分を無とすることができず、欲望をさっぱりと追いはらう力のない、弱い、卑しいものだと考えて、けんそんにならなければならない。

4

以前に犯した罪をけっして忘れてはならない。特に高慢の罪は、現世ではもちろん、来世においても、ほかにくらぶべくもない、甚《はなは》だしい悪であることを思え。天において、天使を堕落させたものは何か？　高慢である。地において、人類のすべてを腐敗させ、拭《ぬぐ》いきれぬ悪事を犯させたものは何か？　高慢である。これによって汚されたものには恥辱があるばかりなのに、あなたはそれほどの罪を犯した悪人でありながら、なおも自分を尊び、自分を誇ろうとするのか？

5

どんな罪でも、どんな凶悪な罪悪でも、他人が行ったならば、あなたも行う可能性があるのである。もしそれを今日まであなたが犯さずに済んだならば、それは神のおん憐れみとおん助けによるものである。聖アウグスティヌスは、「神によって造られた人間であれば、神の助けがなければ、他人の犯す罪で私たちの犯せないものはない」と言っている。もっともいとわしい罪人にもなりうるあなたであるから、自分に頼みすぎないように警戒せよ。

6

この世に生まれたからには、あなたも死と腐敗とを避けることができない、そして死ねば、イエス・キリストの恐るべき審判の座へ出なければならない。悪い人びと、悪魔のような高慢な人びとのためには、地獄に刑罰が用意されているのである。

言うまでもなく神の審判は隠れた神秘であって、人間がそれをうかがい知ることはできないのであるが、あなたは、けっして悪魔といっしょに永久に苦しむことはないと断言できるだろうか？　未来は予測しがたいものであるが、それを確かに知り得ないということは、あなたを常にへりくだらすための、そして自分を思い知って恥じいらすための、神のおん計らいなのである。

7

心の中でけんそんをもっていても、それを外に表せないものは、まことのけんそんとは言えない。しかし、心の中にまことのけんそんがあれば、必ず外に表れるはずである。心と行いとが、このように常に一致してこそ、まことのけんそんの持ち主と言える。温和、忍耐、従順、けんそんであり、自分を知り、自分の知識を誇らず、自分の過失を過失と認めることが、まことのけんそんである。あなたがもしこれらをよく守れるなら、高慢と虚栄の源、いや、すべての悪の源である利己心を捨てることができるであろう。

8

あなたには、ことば少なく、つつしみ深くあってもらいたい。しかし、もしあなたのその態度が、ほかの人の不便になり、ほかの人に嫌悪感を起こさせるとしたら、それも気をつけねばならない。

ほかの人と話すときには、ことばをつつしまねばならない。自分はほかの人に話を聞かせるほど値打ちのある人間ではない、ほかの人の注目を引くほど善を語りうる人間ではないと考えて、いつも控えめであれ。またもし、人があなたをあなどって、あなたの話に耳を貸さないことがあっても、あなたはそれを残念がることなく、ますますへりくだり、自分を反省し、自分の考えは他人を益するほどのものではないから、他人が耳を貸さないのはあたりまえだと考えるがよい。

9

話すときには、自分を誇ったり、他人にへつらったり、下品な冗談をとばしたりしないように特に気をつけねばならない。話の合間にも、自分の名誉や才能や手腕を鼻にかけるようなことがあってはならない。結局自分のことと自分を益することには、触れてならないということである。

10

人と話すときには、嘲笑《あざわら》いや饒舌《じょうぜつ》を弄《ろう》してはならない。また、そうしなければならないとき以外は、けっしてみ教えを論じて人を教え諭《さと》そうとしてはならない。むしろ学識のある人に疑問を正すことを心がけよ、み教えを論じて人を教え諭すことは、学徳すぐれた人のすることであって、あなたのすべきことではない。身のほどを知らずに人を教え諭そうとするのは、自ら高慢を増長させ、したがってその罪は軽くない。そうでなくとも高慢に汚されているのであるから、特にその点に気をつけよ。

11

あなたは、むなしい、無益なことを知りたがるな。美しいもの、めずらしいものに憧れるな。自分の義務を果たし、善業と魂の平和に益するもの以外は、むやみに知りたがってはならない。

12

あなたは、目上に対してはもちろん、同輩の人にも目下の人にも尊敬を失ってはならない。聖パウロは、常に先だって他人に礼を尽くせと言っている。習慣どおり、あなたはだれにも礼儀正しくあれ。違ったふうにすれば、高慢のしるしである。

13

人といっしょにいるときには、福音のみことばにしたがって、もっとも低いところを選び、自分がいるべき場所はここであると本心から考えて、それに満足しなければならない。生活の必要品にしても、自分は他人よりも劣るものであるから、もっとも下等なものを選び、人がよいものを選んでも不平を言ってはならない。

14 身体と精神の憩《いこ》いの場所がないときにも、赤貧《せきひん》にあまんじねばならない身分にとっては、これでも身分にすぎたものだと考えねばならない。

15 あなたは、絶えず自分の行いを悔い、自己愛に陥って数多くの罪を犯した惨《みじ》めな人間である自分を咎《とが》め、行いをあらためるようにせねばならない、清からぬ自分の行いを絶えず責めている人は、まことにけんそんな、よいキリスト信者となるであろう。

あなたはかつて大きな過失を犯し、甚だしい罪を犯したものであるから、人びとから嫌われるのが当然であると考えよ。罪の恐ろしさを知る人びとの目で見れば、あなたの犯した罪は、腐敗しきった屍《しかばね》よりも醜《みにく》い。こう考えれば、人びとがあなたを見逃したことにも、らい病人のように嫌って追い出さなかったことにも、あらためて驚くであろう。

16

どんな場合にも、他人を非難し、他人の行いをうんぬんするのは悪いことであるから、他人のことばや行いは、寛容に受けいれなければならない。もし人のことばや行いに悪いところがあっても、できるだけその中からよいところを見つけだせ。他人の行いをゆるしたいと思っても、それがあまりにはっきりした悪である場合もある、しかしそんなときにも、その悪は彼の本心から出たものではない、あるいは悪魔の誘惑が激しかったためだと考えよ。やむを得ずその悪を罰しなければならないときにも、そう考えよ。こうしてあなたは、けんそんの土台を築くであろう。

17

他人と話しているときに議論になって、どちらが是《ぜ》か非かを定めねばならなくなる前に、議論をやめよ。あなたのほうが間違っていると言われたら、そうではないと思っても素直に口を閉じよ。相手があきらかに間違っている場合にも、それが無益なことであればしいて争うな。またもしどうしても争わねばならないときにも、激したり高ぶったりすることなく、平静な態度とおだやかなことばで相手を説得せよ。

相手がどんなに卑しい人でも、荒々しいことばや態度を見せてはならない。義務として、あるいは愛徳として行わねばならないとき以外は、けっして人を嘆かせてはならない。

18

他人があなたに不正な行いをしても、けっして怒ってはならない。よし怒らないまでも、相手がその過ちを悟って謝罪にくるのを心待ちしてはならない。まったく不正を受けなかったかのようにけんそんを守り、その過ちの責任は自分にあったのだと考えねばならない。

19

あなたに無礼な振る舞いをし、あなたをそしり、あなたを妨害して喜んでいるものがあれば、あなたは、神がその人をつかって私の高慢を砕《くだ》こうとなされるのだと考え、その人は神のおん憐れみの手立てであると考えて、その人を敬い慕わねばならない。

20

信仰者にとって、怒りはゆるしがたい罪である。それは高慢から生じたものである。もしあなたの心に怒りの念が浮かぶなら、静かにおだやかにそれを抑え、他人の無礼に対して分別を失ってはならない。あなたは忍耐をもって他人の短所や欠点を忍べ、またほかの人があなたと同様に自分の短所を忍ばねばならないと思ってはならない。自分に厳格であるのはよいが、自分の過失に同情してはならないことを忘れるな。

21

他人に慈善を行い、親切を尽くしたとして、その恩に報いてもらおうと思うな。他人に善を行ったのは義務のためである。自分は卑しい人間であって、人の尊敬を受け、人から感謝される値打ちはないのである。

22

日ごろけんそんを得るようにつとめよ。自分を憎み嫌う人に対して、特にけんそんを実行せよ。そのような人に復讐《ふくしゅう》しようとまでは思わないにしろ、いっしょに生活するに耐えないなどと不平を言うな。慈悲の念をもって高慢を抑えよ。他人を憎むな。もし憎いと思う人があれば、その感情を抑えて、すすんで親しくつきあうように努力すれば、まことのけんそんは、あなたの努力を助けて、まことの忍耐の徳を与えるであろう。他人から悪を被《こうむ》っても、その悪に悪をもって返すことはならない。

23

あなたが反抗され、侮辱されたとき不平を言うな、自分が受けねばならぬ罰を考えれば、どんな無礼もあまんじ受けてよいあなたである。

思いがけない苦悩と悲哀を受けることがあっても、自分はこれよりも大きな苦しみを受けるべきものであるから、慰めを求めず、これに打ちかたねばならないと思え。それを逃れようとしてはならない。自分のおごった心を矯《た》め直すために、神がこの苦しみをくださったのだと考えて、すすんでそれを受けいれねばならない。「私が卑しめられたのはよいことだった、あなたの定めを学ぶために」（詩編119・71）と主に向かって言え。

高い地位や名誉はなるべく辞退せよ。もし人のうえに立つなら、それは神のみ旨であるが、やむを得ない義務のほかは、つとめて低い仕事にあまんじよ。高慢な人は、表面だけ名誉や地位を辞退し、もし承諾することがあっても仕方なしに引き受けたのだというふうを衒《てら》って、人の賞賛を受けようとする。この行いは、神のみ旨に逆らうものである。あなたは、そうした卑劣な行いを避け、自分の無能を省《かえり》みて、まことのけんそんに基づいて名誉を避けよ。

24

他人から与えられる食べものは、どんなに粗末なまずいものであっても嫌ってはならない。貧しい人が残りものを喜んで食べるのと同じ態度であれ。粗悪なものであっても、それをもらったことを心から喜べ。

25

あなたがもし、無実のそしりを受けたり、あなたより劣った人や咎のある人から苦情を言われたりすることがあれば、それをすぐさま怒って退けないで、むしろ自分をふりかえり、恥ずかしいところや、卑しいところがあるならば、それを告げよ。しかしもしその相手が恥や害を受けるおそれがあれば、沈黙を守れ。もしそのそしりが、真実ならば、自分にはそれ以上の過失があるのに、相手はそれをつつんで、このことだけを言ってくれたのだと思って、快《こころよ》く聞きいれよ。また、時には、けんそんを深めて、そのそしりは自分に大いに益することだと考えよ。

26

まことにけんそんな人となる最良の方法は、他人の愛を望まないことである。心は善だけ愛するものであるから、愛と尊敬とを区別するのは困難である。つまり愛を望めば尊敬されることも望むようになる。まことにけんそんな人になろうと思えば、人に尊敬され好意をもたれることを望んではならない。それはあなたに大いに役立つであろう。人の愛を望まない者がより頼むのは、ただ救い主イエス・キリストだけであり、慰めを求めるのは神の言い尽くせない甘美だけである。神の慰めは人間の愛と異なり、この世の快楽を捨てなければ味わうことができない。神を信じ、神の全善を思い、魂をあげて神と一致しようとするとき、この世において神といっしょに生きることができる。

人間の愛を望まず、ひたすら神の愛だけをうることを楽しみとし、神を愛する念で心を満たし、それ以外のことに心を奪われないことこそもっとも大切である。神だけを愛したら、隣の人への愛のつとめはどうなるかと心配する必要はない。利己心を捨てて、もっぱら神を敬い愛するときは、自《おの》ずから隣の人をも真実に愛しうるからである。

27

どんなことをするにも心をこめてせよ。怠《おこた》りや軽率は高慢から出るもので、けんそんな人のけっしてすることではない。高慢な人は、他人と別格のものであることを望み、けんそんな人は異常でないことを望むものであるから、あなたもごく普通のことを行って、特異なことを避けるようにつとめよ。

28

あなたは、自分ほど悪い相談相手はないと考えよ。また自分の意見は、経験のない、悪に傾いた人の意見だと思え、したがって何か決めるときには、他人から助言を受けなければならないと考えて、独断でことを決めず、他人の判断を願え。

他人のすすめを聞いてから、いや自分のほうが正しいと思っても、それが罪や過失にならないかぎり、他人の助言にしたがえ。自分を抑えて他人にしたがうのは、けんそんを深める方法である。たといあなたに不利な助言であっても、それは心の平和によって償《つぐな》われるであろう。

29

あなたがかなり徳にすすみ、み恵みによって潔白を保っているにしても、常に自分を信じきってはならない。あなたの心のうちには罪の源があって、どんなに脆《もろ》い、弱いものであるかを忘れるな。目をつつしみ、耳を塞《ふさ》ぎ、不潔な危険を避けよ。男女の交際はつとめて避け、しなければならぬ場合には、厳しくつつしみを守れ、なれなれしい態度はいけない。神の憐れみがなければ、どんなこともできないのだと考えて、その憐れみをいつも乞い求めよ。

30

あなたがどんな才能をもち名誉を受けるにしても、なお自分は、愚かな、むなしいものであると考えて、かたくそれを退けよ。また他人があなたの功労を敬わないばかりか、嘲ることがあっても、それは当然そうあるべきことだ、自分のためになることだ、と考えよ。

31

他人から無礼な振る舞いをされることがあれば、天を考え、救い主キリストを思い、けんそんと忍耐とをもって自分の罪を償《つぐの》え。神は私たちを愛されて、いろいろの困難や災いを送って、試されるのであるが、他人が悪意や恨みの念から自分を虐《しいた》げるのだという考えが浮かんだならば、すぐその考えを退けよ。むしろ、こうしてあなたの高慢を抑えて、忍耐とけんそんとを実行させてくださる神に感謝せよ。

32

隣の人に愛徳を行ったとき、たとえば病人を見舞い、他人のために働いたとき、神への愛のために労苦したとき、これで完全に愛の義務を果たしたと思ってはならない。むしろ自分が受けたのだと思わねばならぬ。そのとき、自分には、隣の人への愛の義務を果たす資格がなかったのであるが、その機会が与えられたのだと自分に言い聞かせよ。まことにけんそんな人は、自分から善業を受けてくれる人を恩人だと思うのである。

人に善業を行い、病人を訪問し、神のために働き、苦痛を耐えたとしても、それを自分の力でやったのだと思ってはならない。それについて自分はほまれを受ける資格がないのだと思うことこそ、けんそんの道である。

人のために何かできる機会があれば、どんな迷惑なことでも快く、ちょうどその人の僕《しもべ》であるかのように行え。あなたより目下のものであっても同じである。これが徳の根本であって、この行いによって、けんそんな人となることができるのである。

33

あなたは、自分のつとめ以外のこと、すなわち、神に対しても、人間に対しても、責任をもっていないことに干渉してはならない。それらのことに干渉するのは自負心の結果であって、増長するにつれて、罪の源となりうるのである。自分のつとめを果たして、人のことに干渉しない人は、魂の平和を味わえるであろう。『キリストにならう』には、「自分に責任のないことにかかわるな。そうすれば、めったに平和を失うことはない」（第三書25・2）と書かれている。

34 特別な苦行をしても、それに少しの誇りでも伴えば功徳を失ってしまう。だから、欲望をよく抑えつけ、常に痛悔《つうかい》の心を新たにする必要がある。そして苦行は、罪人のすべきものであるから、多くの罪を犯したあなたは、どうしてもすべきものであって、そのためにいばるわけにはいかない。つまり、激しい馬を抑えるために、くつわと手綱が必要であると同じく、あなたの欲望を抑えつけて、自分のつとめを果たすために、苦行が必要である。

35 悲嘆に沈むときには、自分はかつて多くの罪を犯したのであって、当然罰を受けねばならないもの、神の裁きを受けたものである、したがってそれは神の正義から出たものであって、つつしんで身に受けることこそ、神の憐れみを受けることだと思え。この世において艱難《かんなん》にあうのは、しあわせであると考えよ。聖アウグスティヌスも、「永遠に罪のゆるしを得るために、むしろこの世において苦しみたい」と言っている。このことを理解しないで、いたずらに嘆き悲しむのは、神のみ旨に反することであり、神がその憐れみによって私たちに飲ませようと思われる杯《さかずき》、無罪のキリストが先にお飲みになった苦しみの杯を遠ざけることである。

36

過失を犯して軽蔑をかった場合には、自分はこの過失によって神に背《そむ》いたのであるから、恥辱と軽蔑を当然受けるべきであって、それは神が自分をへりくだらすための試みであると考えよ。もしこの恥によって心の平和を失うなら、あなたにはまだまことのけんそんがない、おごり高ぶったものである。この高慢を打ち散らしてくださるように祈れ。もし神の憐れみがなければ、多くの大罪を犯しうるのである。神は、まことにけんそんなものをお憐れみになる。

37

あなたを軽んじ、あなどる人があるならば、その人の過ちや短所をあげて自分よりも劣った人間だと思ってはならない。むしろその長所だけを取って、あなたの短所と比較して、軽蔑の念を抑えよ。彼も神にかたどって造られたもの、キリストの兄弟ではないか？　また彼がどんなに愛徳に富み、どんなにみ恵みをいただいているかは、あなたの知りうることではない。他人をあなどる念が生じたときには、それを悪魔の誘惑として退けよ。どんなに貧しい人でも、あなどってはならない。

38

人があなたを賞賛するときには、それは身にあまることだ、自分は惨めなものだと考えよ。こんな貧しい自分を心にかけてくれたことに驚き、そのほまれを辞退せよ。しかし、ことさらにけんそんを見せびらかしてはならない。心からそうしなければならない。もし辞退しえないときには、そのほまれをまったく神に帰して、バルクとダニエルといっしょに、「主よ、すべての正義のほまれは、あなたのもの。辱めと恥とは、私たちのもの」（バルク1・15）と言え。

39

自分が名誉を受けたときには、心のうちでそれを退け、他人が名誉を受けたときには、ともにそれを喜べ。あなたの知らないことのために人が名誉を受けても、知らないことだと言って、捨てておかず、ともにそれをほめよ。しかし、媚《こ》びへつらってはならない。

妬《ねた》む人は、他人の名誉が自分の妨げになるように思って、会話の中で巧みに他人の名誉を傷つけることがある。これは恥ずべきことである。他人をほめ、神を賞賛せよ。あなたは罪を犯しやすく、自我の強いものであるから、神があなたを捨ててほかの人を立てられたのだと考えて、けっして恨んだり妬んだりしてはならない。あなたは自負心が強いから、名誉を受けることは自分の害になるのだと考えよ。あなたはおごりと妬みの心を抑えて、他人の名誉をともに喜ばねばならないが、しかし、不正な人間、冒《ぼう》瀆《とく》者、異教者、浪費家などに対しても、そうせよ、とは言わない。このところをよく分別せよ。

40

あなたが人の悪口を聞いたときには、悪口をする人の不徳をゆるし、悪口された人のために賞賛せよ。しかし、弁護しようと思うあまりに、かえって面目を傷つけるようなことがあってはならない。むしろその人の美点をあげるか、話題をそらせるか、あるいは悪口を聞くのは不愉快だということを表すがよい。そうすれば、悪口するものと、されたものと、その話を聞くものとに対して、善を行ったことになる。人が下げられるのを喜び、ほめられるのを喜ばない心があなたにあれば、あなたはまだ最高の美徳であるけんそんからほど遠いと言わねばならない。

41

自分の過ちを認めることこそ、徳の進歩の条件であるから、自分の短所を教えてくれる人があれば、感謝してその忠告にしたがい、今後も忠告してくれるように頼むがよい。そうすれば、あなたは、行いをあらためるだけでなく、忠告してくれた友人をも喜ばせることになる。高慢な人は、忠告されると、心であらためたいと思っても、外には、その忠告を退けるような態度を取る。しかしけんそんな人は、人の忠告に素直にしたがうことを名誉とし、忠告を神のみことばとして聞くのである。

42

神は憐れみ深いお方であるから、あなたはすべてを神のおん手に任せ、子どもが親にしたがうように、まったく神のみ摂理に信頼せよ。どんなに苦しい場合にも、いたずらに悩み苦しむことなく、神のおん計らいに任せきる心をもて。そうしないならば、あなたは神を疑い、神の善意を認めず、神に希望をおかず、神に教えようとする高慢なものとなるであろう。けんそんなものは、そんなことはしない。けんそんの徳は自分を抑えると同時に、神のおん助けにより、神の慰めを期待させるはずである。

43

神がいなければ、あなたひとりでは何ひとつよいことが行えず、いつも脇道に入り、人やものに惑わされるであろう。神のおん助けがなければ、弱いあなたには善を行う力がないのだということを忘れるな。だからこそ、幼子が母親の懐《ふところ》を慕うように、神に信頼しなければならない。王であり預言者であったダビデはこう言っている、「神が私を助けなかったら、私の魂は沈黙の中に住むところであった」（詩編94・17）、「主よ、私に向かい、私を憐れめ、私は、孤独な、不幸なもの！」（詩編25・16）、「神よ、私を救い、主よ、私の助けに急がれよ」（詩編70・2）と。

あなたも、神のみ恵みとご保護を感謝し、神以外頼りになるものはないと考えて、そのおん助けを日夜祈らねばならない。

44

祈るときには、心を正しくもち、神に対する深い敬いとつつしみをもって礼拝しなければならない。「私は塵《ちり》にもおよばぬものである」（創世記18・27）と言われているが、もし神の憐れみによって恵みを受けた場合には、自分はそんな恵みを受ける値打ちのないものだと考えよ。自分の力で受けたのだとか、当然受けるべきものだなどと考えてはならない。自分はそのような恵みを受ける価値のないものであるが、神がその深いおん憐れみによって自分を退けられないのだと思わねばならない。

乞食《こじき》が飢え渇きを忍んで、わずかのものをこうために長く門前に立つように、あなたも、そのように神のおん憐れみにすがれ。

45

あなたが、ある仕事を完成したときには、それが自分の手柄であるとは思うな。すべては神のおん力によるものであって、自分は失敗と過ちだけしかできないものであると考えよ。すべての善は神から出るものであって、そのために感謝され尊敬されるべきものは、ひとり神のみである。

ほかの人は神のおん助けによくよりすがるから、あなたのように失敗をしないのだと考えよ。あなたがもし何かできるとしても、その手柄を誇ることなく、すべては、杖《つえ》で岩から水を湧き出させ、泥で盲人の目を開かれる全能の神のおん力であると思え。

46

それと反対に、仕事が捗《はかど》らないとき、あるいは失敗したときは、自分はもともと無知無能のものであるからこのような失敗をするのだと考えて、その責任を自分で負え。それを他人の責任にするなどの卑怯《ひきょう》な振る舞いをするな。それはけんそんな人のすべきことではない。

本気になって弁解するまでもないと思ったときには、あえて弁解せず、人の思うに任せ、あなどりや辱めをありがたいことだと思って受けよ。自分は怠惰ではないと確信している場合にも、短所や自負はいつもつきまとっている。自分を信用しすぎてみ恵みを受けられず、思いどおりに事が運ばないのは、あなたをけんそんにしようと思し召《おぼめ》す神の計らいであり、時には罰である。

47

聖体の秘跡においてまことに神を礼拝し愛する心があなたにあるならば、その秘跡の教えるまことのけんそんを愛する心ももっているはずである。そうすれば、神はもっともやさしいお方として、貧しいあなたをもお見捨てにならないであろう。あなたは自分の貧しさを省みて、聖体の秘跡を受けるときには最大の敬意をもて。幸いにして神の愛は広大無辺であり、あなたをも愛するのである。あなたは、神の御稜威《みいつ》に対して礼を尽くせ。無に等しいあなたは、ほかのものに服従すべきものである。しかしそのために失望落胆するのは愚かである。私たちのために世に降られた神を、いっそう敬い愛せよ。

48

ほかの人には慈愛をかけ、温和で親愛の情をもて。しかし他人に迎合せよというのではなく、神のみ旨にしたがうために他人に奉仕するのである。あなたはうぬぼれと高慢の根を切るために自分の行いを正し、善を行うのは利益や名誉を得るためではなく、自分の行いをすべて神がご覧になっていると考えよ。隠れて行うべき善業を、人に知らせてしまうのは、ぶどうの実を鳥に食べられて芯だけが残るのと同様で、功徳のほとんどあるいは全部を失ってしまうのである。

49

神のみ旨に逆らわないように、危険を避けるように、大罪に陥らないように、常々祈りつづけているならば、あなたの態度や行いは、次第に望みどおりになり、真理を黙想し、善を行い、神とかかわりのないものを遠ざけられるようになるであろう。つまり、それこそ、まことのけんそんの土台である。そうすれば、あなたは絶えず神に祈っているのと同様である。

50

回復を望む病人は、病気を悪くするものを避け、食べものに気をつけるであろう。それと同じで、高慢という病気をなおして、けんそんという尊い健康を得ようと望むなら、その病気を悪くさせることを言ったりしたりしてはならない。何かをしようと思うときには、それがけんそんのためになるかどうかを調べて決めよ。実際にけんそんになりたいと望むなら、神のみ旨に背かないようにまず気をつけよ。

あなたが、自分はむなしいもの、儚《はかな》いものだと真実に考えているなら、徳の道をすすむためにさらによい方法がある。それはときどき次のように自分に言うことである、「私が自分で気をつけてけんそんなものにならなければ、神は私にくださった恵みを取りあげ、私が罪に転び落ちるのをお見逃がしになるであろう。高慢なものは、この世でもたびたび恐ろしい苦しみを受け、来世においても恐ろしい呵責《かしゃく》を受けるのである。もしそうなら、この世で自分を抑え、来世で多くの恵みを受けるほうがよいではないか」と。

これは非常に道理にあった考えであって、あなたの心を呼び覚ますに違いない。あなたがいつもこのように反省しているならば、大きな災難を免《まぬが》れ、けんそんの徳を得るであろう。

51

あなたにこのけんそんの道理を知らせるために、なおも救い主の例を引用しよう。福音書に、「私は心の柔和な、けんそんなものであるから、私にならいなさい」（マタイ11・29）と主のみことばがしるされている。聖ベルナルドが教えているように、救い主のけんそんを学べば、どんな高慢もなおすことができる。

ほんとうの意味で自分を抑え、ほんとうにへりくだったのは、ただ救い主だけであった。高慢な私たちは自分を抑え他人に譲る場合にも、本心からそうしているのではない。卑しい私たちは、犯した無数の罪のために、無なるものであり、永遠の苦しみを受けるべきものである。しかし、救い主イエス・キリストは、神でありながらこの世に降り、だれよりも貧しい生活をお送りになった。全能の神として永遠より出て永遠に生きるお方でありながら、ご死去のときまでひとりの弱い人間として従順を守り、最大の貧困と苦難とを味わわれた。天においてはすべての天使、すべての聖人に取り巻かれるお方でありながら、自らすすんで十字架を取り、欠点のある人間のひとりとして苦行された。また全知の神でありながら、無知のものとなり、まったく聖なるものでありながら、罪人、悪人と罵られることにあまんじられた。天においておびただしい霊魂に礼拝されるお方でありながら、すすんで辱めを受け、十字架上に死去され、絶対の主でありながら、幾多の艱難辛苦《かんなんしんく》を忍ばれた。

神であるキリストがこれほどまでにへりくだられたのに、私たちがどうしておごり高ぶってよかろうか？　ああ、私たちのけんそんは、なんと浅いものではないか！　ほんとうに自分の惨めさを認めるなら、私たちはけんそんを行うのになんのためらいも感じないであろう。

52

旧約・新約聖書と諸聖人の例を見よ。徳と信心とに富む預言者イザヤは、神に向かって、「私は、もとは正しい人間であったが、いまは潔白に背き、罪を犯したものである」と言っていた。自分は真っ白い衣を赤で汚したと悔いているのである。ダニエルは神のみ前に恥じいり、おそれいって、「神に祈ってそのおん怒りを解かねばならぬ」と言った。聖《せい》徳《とく》の誉れ高い聖ドミニコは、知っている町に入る前に、地面にひざまずいて天を仰ぎ、「私はいまこの町に入ります。私は罪人でありますが、あえてあなたのおん憐れみを願います。どうぞ、私の罪のためにこの町におん怒りをくださないように」と言ったそうである。

また、その潔白によって私たちの主イエスのかたどりと言われた聖フランシスコは、自分はこの世にふたりとない罪人だと思いこみ、ほかの人がなんと言っても、自分はその考えを捨てなかった。その理由として、彼は次のように言っていたのである、「神が私になさった恵みを、いちばん卑しい人になさったとすれば、その人は、私よりも神に感謝し、私よりも有益にその恵みに応えただろう」と。

ほかの聖人たちも、みなこう考えていた。いただいている食べもの、吸っている空気、着ている着物を受ける値打ちのない人だと思い、自分がこの世で対した苦しみも受けず、来世において地獄に堕《お》ちないとすれば、それは神の奇跡であると信じていた聖人もあった。世間の人と交際しても罪の考えが起こらない自分をいぶかしがった聖人もあった。それは彼らが、名誉や地位を退け、屈辱を忍んでけんそんを行い、ついに心のまことの平和を得たからである。

あなたは、自分の学問や才能や徳が、これらの聖人もまさっていると思うのか？　聖人の足もとにもよれないのに、まだ、自分の惨めさに気づかないのか？　どうして聖人たちの模範にならって、まことのけんそんの楽しみを味わおうとしないのか？

53

あなたが徳にすすみ、けんそんになれ、それを好むようになりたいならば、恥辱や不面目を当然受けねばならないときに、神を敬い、自分の徳をすすめる手段として喜んでそれを迎えよ、たとい心に苦痛を感じても、それを勇ましく退け、イエスへの愛のために忍べ。あなたがこれを守るなら、絶えず勝利を得て聖人への道をまっしぐらにすすめるに違いない。

54

日々敵があなたをそしるように、あなたもあなた自身をそしれ、常に自分を抑え慣れている人は、人に抑えられ、卑しめられても、その苦痛をさほどに感じない。もし悪魔に迷わされて神に逆らい、不平の心を起こすことがあれば、自分で自分と戦い自分を責めよ。自分のように卑しい罪人は、苦しみを黙って忍ぶだけではなく、すすんで大いに苦しまねばならないものだと考えよ。自分のような罪人は地獄に堕とされても仕方がないのに、この一時の災いなど、地獄の苦しみに比べれば、ものの数ではないではないか？　私の霊魂よ、艱難辛苦は、あなたの貧しさと不幸とを救うために神が与えられる食べものではないか？　あなたは、それを喜んで食べようとはしないのか？　そうしないのは、あなたがまだそれにふさわしくないからではないか？

「財産を卑しんで、他人に譲る」と聖書にあるが、神はあなたを引き上げてご自分の愛する子に加え、カルヴァリオのまことの弟子とならせようと思し召される。それなのに卑怯なあなたは、不幸や辛苦と戦ってその思し召しに沿おうとしなかった。戦わないものには、賞もなく、つとめなければ、報いもない。ほかの人がもしおん憐れみによってそうした機会を得るならば、あなたもそうなるために努力せねばならないと反省せよ。あなたがこのことばを守れば、救い主にならって卑しい生活を望むようになるであろう。

55

さげすまれ退けられたとき、あなたの心がどんなに平静であっても、まだそれで十分だと思ってはならない。高慢というものは、一時眠っているだけであって、ややもするとその眠りを覚まし、心中に奇怪な思いを起こしうるのである。あなたはそれを考えて、自分を反省し、ほまれを避け、けんそんにつとめよ。この方法によってけんそんの宝を得るなら、もはや失う心配はないであろう。天からけんそんを受けたいと思うなら、まず自らそうあるように努力せよ。

56

あなたがこの恵みに背かないようにしたいと望んでいるなら、あなたを助けようといつも見守られる聖母のご保護とご忠告を願え。「聖母はだれにもましてへりくだられ、すべての人にまさるお方でありながらも、自らへりくだって、もっともけんそんになられたのである」と聖ベルナルドは言っている。

聖母が聖霊に満ちて神の母となられたのは、そのためであった。憐れみと情愛の母であるかの女は、ご自分により頼むものを見捨てることはない。あなたも、その懐に隠れ、尊いけんそんの徳を得させてくださいと祈れ。聖母が自分の祈りを聞きいれてくださるかどうかを疑ってはならない。聖母に願うなら、きっと聖母はあなたのために神に取り次いでくださるのである。聖母はおん子の母であるから、その取り次ぎは必ず聞きいれられるに違いない。

あなたが第一に願うべきものは、けんそんである。これを願え。聖母はあなたの心をやすらかにし、あなたが善意をもって願うかぎり、あなたの願いは聞きいれられるであろう。聖母が神の母となられたのは、まったくこのけんそんによることを反省し、聖母のご保護により頼んで、そのけんそんを学ぶようにつとめよ。

57

またあなたは徳の高い聖人たちにもより頼め。

大天使ミカエルは、高慢そのものであったルシフェルと反比例して、けんそんであった。

洗者聖ヨハネは、救い主のように見えたほどの聖徳に達していたが、福音書に書かれているように、なお人一倍へりくだったのである。

聖パウロは、第三天にまであげられ、神の秘密を知らされたのであるが、自分がそれを得たとは言わず、自分は使徒のうちでも最下位のもので、使徒の名にも値しないといったのである。

聖グレゴリオは、当時の野心家が教皇の位を得ようと争っていたにひきかえ、教皇の位を辞退しようとつとめたのである。

聖アウグスティヌスは、聖徳の高い司教としても、カトリック教会のすぐれた博士としても、大いに尊敬されていた真っ最中に、「告白」と「取り消し」というふたつのすばらしい本を書いて、このけんそんの不滅の記念物を残したのである。

聖アレクシスは人から尊敬されることを嫌うばかりでなく、自分の僕からさえ辱めを受けることを望んだ。

聖アロイジオ・ゴンサガは、身は王侯を継ぐべきものでありながら、権威を捨て質素な生活に入った。

そのほかけんそんによって聖人になった人びとは枚挙《まいきょ》にいとまないほどであるが、聖人伝を読んでそれを学ぶがよい。彼らはすでに天に昇ったが、あなたは地上において、彼らの行いを学ぶべきであろう。

58

あなたがけんそんになりたいならば、しばしば告解をして聖体を受けよ。告解は、私たちのひそかな醜い行いを思い出し、イエス・キリストが使徒たちにお命じになったとおりに、それをけんそんに言い表すのである。聖体は、私たちを愛するがために人間となって死なれた神を受ける秘跡であって、けんそんになるためにもっとも力あるものである。憐れみの神のみこころは、常に、あなたの心のうちに住まわれる。あなたがせつにけんそんの恵みを願えば、神は聞き届けられるであろう。式にあずかるときには、心と思いとを正し、天の食べものを受ける準備を整えよ。この食べものは、せつに乞い求めるものにだけ配られるからである。

59

あなたが善を行おうとするときには、はじめは困難にあうであろうが、気劣りしたり心を弱くしたり、あるいは「難しい話だ、そんな話に耳が貸せようか」（ヨハネ6・61）などと言ってはならない。はじめには苦痛を感じても、つとめているうちにまもなく楽しみとなり、慰めとなる。その楽しみは、比べるものもなく、ついには、このうえない平安と霊魂の幸福を得るようになるであろう。

これに反して卑怯、惰弱《だじゃく》な心をもって努力を避けるなら、心は平安を失い、苦痛にさいなまれ、やがて身の安全を失う危険に陥るであろう。そうならないまでも、徳の門を閉じられてそこに入ることができなくなるであろう。けんそんによらなければ、徳の門はくぐれないのである。

したがって、どんな場合にも落胆したり心を弱くしたりすることなく、熱心につとめ励むべきである。天を仰いで、十字架を負いつつ天使聖人に取り巻かれるイエス・キリストを考えよ。イエスは、あなたに忍耐とけんそんとの道を教え、あなたを招き導き、ご自分の歩まれた道を歩ませ、あなたが安全に天に達しうるように導いてくださる。また、高慢のためにその栄えある地位を失った悪い天使と、けんそんと苦労とによって最大の栄えを得た聖人たちとを比較せよ。

聖人たちは、あなたがけんそんへの望みを失わないようにと望んでいる。あなたがそれを得たいといったん望んだからには、怠ることなくつとめ励め。あなたが永遠の光栄のために努力するなら、その幸福はいかばかりであろうか。

60

最後に、「あなたたちは、命ぜられたことをみななし終えたら、私たちは取るに足らぬ僕である、すべきことをしたにすぎないと言いなさい」（ルカ17・10）と主がその弟子たちに仰せられたみことばを考察せよ。では、あなたは、この教えをつつしんで守り、もし教えに背いたことがなくても、なお自分は無用の僕だと考えよ。あなたが尊いけんそんの人となることができるのも、自分の力によることではなく、神の賜物であるから、死ぬまでそのおん憐れみをたたえよ。

あなたの霊魂が地上のわずらいを脱し、へりくだるものに神が与えられる光栄を受けるために、主なる神のみもとにゆく最後のときまで、けんそんの宝を失うことのないように、せつにせつに祈り続けよ。

著者　教皇レオ13世　Leo XIII

(1810.3.2 - 1903.7.20)

1878～1903年教皇在位　本名 ジョアッキーノ・ペッチ

訳者　ステファノ・デランジェラ　Stefano Dell'Angela

(1920.10.23 - 1999.1.31)

サレジオ会司祭

けんそんのしおり

1953年3月15日　初版発行
2025年5月31日　改訂版第2刷発行

著　者　　教皇レオ13世
訳　者　　ステファノ・デランジェラ
発行者　　岡本 大二郎
発行所　　ドン・ボスコ社
〒160-0011　東京都新宿区若葉1-22-12
Tel.03-3351-7041　Fax.03-3341-5429
印刷所　　株式会社グラフィック

ISBN978-4-88626-647-7 C0116